EL TABERNÁCULO,
EL TEMPLO,
Y LA IGLESIA DE HOY

EL TABERNÁCULO, EL TEMPLO, Y LA IGLESIA DE HOY

PASTOR ROGER F. ZAPATA

Número de Control de la Biblioteca del Congreso de EE. UU.:   2018913075
ISBN: Tapa Dura   978-1-5065-2729-1
              Tapa Blanda   978-1-5065-2727-7
              Libro Electrónico   978-1-5065-2728-4

Información de la imprenta disponible en la última página.

Fecha de revisión: 17/01/2019

Para realizar pedidos de este libro, contacte con:
Palibrio
1663 Liberty Drive, Suite 200
Bloomington, IN 47403
Gratis desde EE. UU. al 877.407.5847
Gratis desde México al 01.800.288.2243
Gratis desde España al 900.866.949
Desde otro país al +1.812.671.9757
Fax: 01.812.355.1576
ventas@palibrio.com
784521

ÍNDICE

El tabernáculo, el templo, y la iglesia de hoy.

¿Por qué elegí este tema?

Elegí este tema porque veo con gran dolor en mi corazón en la iglesia de hoy día una necesidad imperante de conocer más acerca de nuestros orígenes cristianos.

Empezando desde el tabernáculo de reunión ordenado por el mismo Dios para alabanza de su glorioso nombre, donde su espíritu mismo se hacía evidentemente presente en cada una de las reuniones.

Continuando con el templo del rey Salomón, donde el pueblo de Dios se reunía, el Shekina (la misma gloria de Dios) bajaba e inundaba toda la casa de adoración.

Terminando con la iglesia de hoy casi en vías de la extinción, por falta de aquella presencia divina, de aquella gloria divina, del Shekina que la llene, del Espíritu Santo que la redarguya y la sane, pero sabe? Todo por la falta de interés, por falta de una convicción firme en la adoración al Dios Dueño y Señor, Amo y Hacedor de todas las cosas.

La iglesia naciente en el tabernáculo, era una iglesia que influenciaba a las comunidades, a los pueblos y a las naciones.

Desde una base móvil, transportable, Dios se mueve en medio de la alabanza de su pueblo. Algunos pueblos por donde pasaba en su peregrinar el pueblo libre de Dios; reconocían al Dios de Israel como su Dios.

El tabernáculo, el templo y la iglesia de hoy

Presentado por:

Roger Felipe Zapata

Maestría en Teología, Orientador

———————————————————————————————————————

San Bernardinono California 2018

DECLARACIÓN

Declaro hoy día que el presente trabajo, denominado; **El Tabernáculo, el templo, y la iglesia de hoy,** es resultado de un esfuerzo personal.

Estoy seguro que lo que en él he escrito, no ha sido por ninguna otra persona publicado o escrito, tampoco contiene material que haya sido total o parcialmente aprobado para el otorgamiento de permisos de cualquier otro grado, diploma universitario o instituto superior.

Excepto donde se ha hecho reconocimiento debido en el texto.

Roger F Zapata

_____

Día / Mes / Año

AGRADECIMIENTO

No podría presentarles este libro, sin antes ofrecerle a Dios mi total agradecimiento por su dirección y ayuda en la elaboración de él.

Al Espíritu Santo por guiarme en todas y cada una de las ideas expuestas, que si no hubiera sido por su inspiración; yo solo nunca hubiera podido realizarlo

Menciono también con agradecimiento profundo a California Christian University, por darme la preparación adecuada a través de sus maestros para realizar este libro.

A mi bella esposa Rita Zapata por su apoyo moral y económico para realizar estos estudios y ahora este libro.

A mis hijos; Roger Alberto, Ana María, José Luis y Loyda Eunice Zapata que también me han donado el tiempo que yo les debí dar a ellos para que yo pudiera asistir a estudiar.

A mis nueras; Sujey Castro de Zapata, Tiffany Waite, y a mis yernos Donaciano del Toro y Cristopher Macias, sin olvidarme de mis nietecitos, Adrian, Isaac Mateo, Noah Ismael, Jacob y Joel del Toro Zapata, Adam Jeremiah y la reina de la familia, Elina Sarai Macias Zapata.

Los que amo con todo mi corazón.

A todos les digo que:

"El Señor les bendiga y les guarde, haga resplendecer su rostro sobre vosotros y ponga en vosotros su paz".

DEDICATORIA

Con todo mi amor dedico este libro a Dios porque Él me amo tanto y me ha permitido llegar hasta aquí.

Gracias Señor por todas tus bondades, recibe este trabajo nacido en lo más profundo de mi corazón y pensado para Alabanza de tu Gloria.

Bendice alma mía a Jehová y bendiga todo mi ser su Santo Nombre. Bendice alma mía a Jehová y no olvides ninguno de sus beneficios. Salmos 103: 1, 2.

Dedico también este trabajo a mi linda esposa Rita, quien ha sido un gran soporte para mi. En estos tres años que ya llevo de estudios, por lo que este libro es también dedicado a ella. Igualmente a mis hijos e hijas, a mis nueras, sin olvidar a mis yernos.

Gracias Rita. Que Dios te colme siempre de sus ricas bendiciones.

JUSTIFICACIÓN

En este libro que presento hoy, trataré de hacer ver claramente al lector sobre un tema muy pocas veces abordado por nuestras iglesias de hoy. Como hemos perdido aquella forma de adoración que nos fue enseñada y demandada por el mismo Dios quien pedía a su pueblo ser adorado en el desierto para que no se olvidaran de su ley, para que la tuvieran siempre en mente, recalcando la salida multi- milagrosa con que Dios les libertó del yugo de la esclavitud Egipcia.

Esa misma demanda de adorarle, es para nosotros hoy, Dios continua aun deseando oir de usted y de mi. **Hagamos de la adoración una prioridad en nuestras vidas.**

La iglesia de hoy, ha perdido el ánimo, la fe y la alegría que produce solamente la comunión con Dios. Nuestras rodillas, se han endurecido por la falta de uso, ya no queremos doblarlas para orar. Nuestros oídos se han cerrado, ya no queremos oír la voz de Dios llamándonos a santidad, y enviandonos a predicar. Nuestras bocas se han callado, ya no queremos hablar de Dios. Nos hemos olvidado ya como Dios nos sacó de aquella horrible esclavitud, nos hemos olvidado ya de la adoración, nos hemos olvidado ya de la liturgia antigua; volvamos a las sendas antiguas y adoremos a Dios quien es el único que merece ser adorado.

Apoc 2: 4 Entonces; ¿Qué pasa? ¿Por qué no volver a nuestro primer amor? La iglesia del tabernáculo, era una iglesia que influenciaba a las comunidades, a los pueblos, y a las naciones. Desde una base móvil transportable Dios se movía en medio de la alabanza de su pueblo de tal manera que, algunos pueblos por donde pasaba el pueblo libre de Dios en su peregrinar reconocían, al Dios de Israel como su Dios y almas que andaban perdidas eran rescatadas por el poder del evangelio producido por la misma presencia de Dios que caminaba en medio de su pueblo. (**La biblia (N.V.I)**).

El tabernáculo en medio del desierto, o la tienda de reunión en Hebreo ('Ohel-mo-ed) significa un conjunto de cortinas que colocadas al rededor de bastidores servían como morada terrenal de Dios, antes de la construcción del templo; ahora para la traducción de tabernáculo podríamos verlo como (enramadas) donde se celebraban las fiestas de los tabernáculos, todas las personas asistentes a estas fiestas traían sus tabernáculos o (enramadas) y las colocaban en los mejores sitios donde pudieran participar mejor de ellas; en sus enrramadas o tabernáculos, las familias estaban resguardadas de cualquier percance, del frío, del calor, de la nieve, de animales, allí comían, allí dormían, y eran sus moradas mientras estaban en la fiesta.

PRÓLOGO

Muy amados en El Señor, quiero escribir estas letras para hablarles en muy pocas palabras acerca de este libro. El tabernáculo, el templo y la iglesia de hoy, ha sido el fruto de una legítima inspiración divina, el libro trata con claridad y sintetismo, todo lo que sucedió en el lugar conocido como El tabernáculo de reunión, partiendo de la orden de Dios para su construcción hasta las partes mas importantes que lo componían entre las que esta El Altar de Los sacrificios, El Altar de bronce, El Arca del Pacto, El Velo, El Lugar Santo y El Lugar Santísimo entre otros.

Del tabernáculo, nos movemos hasta el templo, esta fue una obra que nació en el corazón del Rey David, pero que Dios no quiso que el la construyera porque sus manos estaban manchadas de sangre. Dios aceptó con agrado la propuesta de David, pero el privilegio de construcción se lo dio a su hijo el también Rey Salomon. Llegamos entonces a la iglesia de hoy donde sin necesidad de lentes podemos ver y comtemplar que nos hemos olvidado de los mandamientos y preceptos de Dios para nosotros, cuan bajo hemos caído en lo que a obediencia a Dios se refiere, como nos hemos apartado de Él, cambiando aquella Santa Liturgia por una litudepravación, hemos metido a las iglesias cosas para nada santas ni agradables a Dios, hemos invitado a entrar por la puerta grande de muchas iglesias de hoy todos aquellos frutos de la carne, y hemos cortado de un tajo el fruto del Espíritu como dice Gálatas cap 5.

Este libro es también, un llamado a que reaccionemos, aun estamos a tiempo, pero no olvidemos que el tiempo se va volando. Buscad a Jehová mientras puede ser hallado, llamadle en tanto que está cercano. Dejemos ya de hacer las cosas a nuestro gusto y antojo, volvamos a Dios, el cual con toda seguridad será amplio en perdonarnos. Bendiciones.

Soy El pastor Roger F Zapata, gracias por tomarse el tiempo para leer este libro, ruego a Dios para que nos sirva de reflexión, y volvamos a Él humillados

Porque en el día de la aflicción Él me resguardará en su morada; al amparo de su tabernáculo (de su enramada) me protegerá, y me pondrá en alto sobre una roca.

(Salmos 27: 5 N V I).

CAPÍTULO I

LA GLORIA DE DIOS
ÉXODO 37: 7, 11.

Antes de construir el tabernáculo de reunión, el pueblo de Dios guiado por Moisés, se reunía en tiendas de campaña. El tabernáculo de Jehová, preparado para adorar a Dios se tenía fuera del campamento, era un edificio temporal armado para el culto en el cual Él, (Moisés) juzgaba las disputas de los Israelitas.

El pueblo iba en pos de Moisés; Tenían ardientes deseos de estar en paz con Dios y les interesaba saber lo que sucedería.

(Comentario Bíblico Mathew Henrry España 2000, P 96.)

Moisés tomó una tienda de campaña y la armó a cierta distancia fuera del campamento y la llamó" **La tienda de reunión con el Señor**.*" Cuando alguien quería consultar al Señor, tenía que salir del campamento e ir a esa tienda. (8) Siempre que Moisés se dirigía a ella, todo el pueblo se quedaba de pie a la entrada de su carpa y seguía a Moisés con la mirada, hasta que este entraba en la tienda de reunión. (9) En cuanto Moisés entraba en ella, la columna de nube descendía y tapaba la entrada mientras el Señor hablaba con Moisés, (10) Cuando los Israelitas* *veían que la columna de humo se detenía, a la entrada de la tienda de reunión, todos ellos se inclinaban a la entrada de su carpa y adoraban al Señor. (11) y hablaba el Señor con Moisés cara a cara como quien habla con un amigo. Éxodo 33; 7-11*

1.- Vagando el pueblo de Israel en su larga travesía por el desierto; Moisés recibe órdenes de Dios para contruir un tabernáculo o (el santuario), donde el pueblo se reuniera a escuchar las leyes que Él les daría.

El orador era Moisés, quien hablaba a través de su hermano Aaron. Entonces dijo Moisés a Jehová ¡Ay Señor! Nunca he sido hombre de fácil palabra, ni antes, ni desde que tu hablas a tu siervo; porque soy tardo en el habla y torpe de lengua Éxodo 4:10, 12, 13, 15.

Las ordenanzas de Dios para el pueblo eran escuchadas, el SHEKINA, cubría el tabernáculo, y la gloria de Dios descendía, llenando con una especie de humo todo el salón.

El pueblo se regocijaba al escuchar la palabra que Dios le daba a Moisés (las escuchaban a través del portavoz Aaron), se regocijaba al sentir y ser llenos de aquella hermosa presencia que provenía de lo alto, se gozaba de verse envuelto por aquel humo-nube que les cubría, cantaban y alababan alegres al Señor. Apoc 19: 3, (*Salmos 100:1 dice: "Cantad alegres al Señor habitantes de toda la tierra")* y eso era precisamente lo que hacían, cantaban y alababan con alegría a Jawhe. Engrandecían a aquel cuyo nombre es Jehová, Dios de los ejércitos, el ambiente era de total solemnidad, el tiempo de adoración era un tiempo santo, durante todo el tiempo que duraba el servicio, allí no se escuchaba otra cosa que no fuera alabanzas a Dios, el pueblo que le adoraba cantaba Santo, Santo, Santo es Jehová, Dios de los ejércitos, toda la tierra esta llena de su Gloria. Isaías 6: 1, 4.-En el año que murió el rey Uzias, vi yo al Señor sentado sobre un trono alto y sublime y sus faldas llenaban el templo.

2.-Por encima de él habían serafines, cada uno tenía seis alas, con dos cubrían sus rostros, con dos cubrían sus pies, y con dos volaban.

3.- Y el uno al otro daba voces, diciendo; Santo, Santo, Santo, Jehová de los ejércitos; toda la tierra esta llena de su Gloria.

4.- Y los quiciales de las puertas (del templo) se estremecieron con la voz del que clamaba. Y el templo se llenó de humo por la Gloria de Dios, por su poder; y nadie podía entrar en el templo hasta que se hubiesen cumplido las siete plagas de los siete angeles. Apoc 15: 8.

Mientras todo iba aconteciendo, la Gloria de Dios seguía cayendo sobre ellos, el pueblo adoraba, bendecia, glorificaba a Jahwe, y Jahwe los escuchaba y los bendecía a ellos con su presencia. *"Que glorioso es estar en tu presencia Oh Jehová de los ejércitos."*

El tabernáculo contaba de tres partes; El atrio que era un patio abierto, rodeado por una cerca hecha de cortinas. En lo que es el atrio o patio estaba el altar de bronce y el lavatorio.

Dentro del atrio estaba también una tienda hecha de pieles de animales, esta a su vez estaba dividida en tres partes, un cuarto; (El lugar Santo), hacia la puerta y detrás del velo; otro cuarto (el lugar Santísimo), donde estaba el arca del testimonio y el propiciatorio que era como una especie de tapa del arca adornada con dos querubines de oro.

La presencia de Dios se manifestaba encima del propiciatorio. Especialmente se hace referencia a cuatro símbolos, el velo y el propiciatorio, el arca y el perfume cada uno de ellos con un significado especial.

El velo, era el centro de la vida religiosa de los Judíos, este separaba el lugar santísimo que es el lugar terrenal donde moraba la presencia de Dios, del resto del campamento donde moraba el pueblo.

Esto indicaba que el ser humano estaba separado de Dios por causa del pecado; Éxodo 26: 31, 33. Cuando Cristo murió, este velo se rasgó en dos partes.Y el sol se oscureció, y el velo del templo se rasgó por la mitad. Lucas 23: 45 Esto era una indicación de Dios que a partir de ese momento todos podíamos acercarnos a Él, sin necesidad de practicar los ritos.

El arca era un cofre hecho a la medida indicada por Dios y tenía una tapa llamada propiciatorio. La propiciación de los pecados significaba que estos, eran cubiertos.

Bienaventurado aquel cuya transgresión ha sido perdonada y cubierto su pecado, Bienaventurado el hombre a quien Jehová no culpa de iniquidad y en cuyo espíritu no hay engaño. Salmos 32: 1, 2.

En las ordenanzas dadas por Dios a Moisás, el arca ocupaba un lugar principal. Dentro de ella se guardaban las tablas de la ley, la ley de Dios o los diez mandamientos. Es el lugar donde Dios se revelaba por medio de su voluntad. Era el centro para que una reunión o rito se realizará. El arca no se podía ver, a no ser en el lugar santísimo.

El perfume tenía un doble propósito: (a), proporcionar una característica real y agradable que se la podía asociar con la misma presencia de Dios.

Proporcionar una nube por la cual el pueblo no pudiese ver al propiciatorio que está sobre el arca del testimonio, para que no muera.

Y pondrá el perfume sobre el fuego delante de Jehová, y la nube del perfume cubrirá el propiciatorio que está sobre el testimonio para que no muera. Lev 16: 13.

(La biblia del peregrino) Éxodo 25 pag 201).

El culto crea un universo sagrado, separado del contexto profano y consagrado: una tienda aparte, luz distinta, vestidos especiales, personal escogido y consagrado, incienso y aceite de receta exclusiva, tiempos especiales.

El hombre transita alternativamente entre los dos universos, el sagrado y el profano según las reglas y con las cautelas necesarias. Cap 25: 1, 9.

Tributo para la construcción del santuario.

Según la mentalidad de la corriente teológica y literaria sacerdotal. Dios exige una morada terrenal para habitar en medio del pueblo cuya construcción debe ajustarse a un modelo determinado y cuyas medidas fueron dadas por Dios, Éxodo 26: 30. Aunque lo que esta corriente tiene en mente es propiamente el templo de Jerusalén, retroproyecta al Sinaí.

Las ordenes para construirlo, primero: como una especie de santuario portátil que acompañara a los Israelitas en sus jornadas por el desierto.

No era extraño para las tribus antiguas seminómadas llevar consigo una tienda especialmente diseñada con pieles rojas que tenían un carácter sagrado; ya que en ellas portaban las estatuas de sus divinidades. Gracias a su compañia se sentían seguros. El pueblo de Israel también estuvo acompañado por su Dios y caminó seguro por el desierto.

Cuando ya se instaló en la tierra, ese santuario pasó a ser de portable o móvil, a fijo según el mismo modelo del primero.

A través del tabernáculo, Dios nos ha permitido a todos nosotros recibir la gracia de la salvación, *(porque por gracia sois salvos por medio de la fe esto no es de vosotros pues es un don de Dios. Efesios 2:8A)*.

Don que no se gana por medio de las obras, *porque las obras que no están fusionadas con la fe, no sirven para nada; son muertas. Igualmente la fe que no lleva obras es muerta.*

A través del tabernáculo podemos darnos cuenta y creer en esta preciosa gracia que nos ha sido dada unicamente por un don de Dios. La salvación pues mi estimado lector para usted y para mí no es otra cosa que el regalo de Dios, la gracia de Dios dada a nosotros, quienes somos pecadores e inmerecedores de ella.

A través del tabernáculo podemos ver con cuanto cuidado nuestro Señor nos ha salvado, cuan detalladamente el planeo nuestra salvación y con cuanta fidelidad él cumplió este plan hecho por Dios desde la creación del mundo.

El plan de salvación para nosotros lo podemos ver desde el principio, poco después de la creación de todo. *"Enemistad pondré entre ti y la mujer, entre tu simiente y la simiente suya, esta te herirá en la cabeza y tu en el calcañal. (este es el talon) Gen 3:15"*.

A través del tabernáculo Dios nos ha mostrado en detalle la obra de salvación hecha por Jesús.

Después de pedir a través de Moisés que se construyera el tabernáculo, Dios se hizo presente para dar cumplimiento a su promesa de salvarnos. Y como lo prometió; envió a su hijo Jesucristo en semejanza de hombre para que tomara nuestro lugar, que llevara sobre si mismo nuestros pecados y de esa forma nos diera salvación, "Gloria a Dios".

Cuando el pueblo de Israel tomó posesión de la tierra prometida e hizo suya la promesa por un tiempo no tuvieron lugar especifico para la adoración, hasta que Salomón el hijo de David construyó el templo que su Padre le había ofrecido a Jawhe. 1 Reyes 5: 5 y 6.

A.- El altar del sacrificio. Éxodo 27: 1, 8.

El pueblo de Israel pecaba todos los días, pero al presentar una ofrenda sacrificial, ellos pasaban sus pecados al animal sacrificado como ofrenda. Esto lo hacían a través de la imposición de las manos del sacerdote sobre la cabeza del animal sacrificado por sus pecados, por supuesto que este animal debía de ser sin defectos, sin ninguna quebradura, el primogenito y en buena salud.

Cualquiera que creyera en el ministerio sacerdotal y en las ofrendas sacrificadas presentadas de acuerdo al sistema establecido, podía recibir la remisión de sus pecados, lavar la mancha que ensucia el corazón y volverlo blanco como blanca lana. *Si vuestros pecados fueren como la grana; como la nieve serán emblanquesidos, y si fueren rojos como el carmesí; vendrán a ser como blanca lana, Isaías 1: 18.* De la misma manera creyendo en el bautismo y en el sacrificio de Jesús por nosotros quien es la verdadera escencia del tabernáculo, el pueblo de Israel y nosotros los gentiles hemos sido revestidos de esa bendición llamada "La remision de pecados".

Tan solo creyendo en el Señor Jesucristo que es el Señor del tabernáculo podemos recibir el regalo de la remisión, porque el tabernáculo es la substancia misma de Jesucristo.

En el tabernáculo vemos representado a Jesucristo como nuestro Salvador que perdona todos nuestros pecados y quien fue la ofrenda del sacrificio, no por el pecado de uno; sino por el pecado de toda la raza humana, Él fue el precio pagado para redimirnos Gloria a Dios.

Él se convirtió en el Salvador por su muerte en la cruz, y Él fue el último sacrificio gracias sean dadas a Él por la eternidad.

Y en ningún otro hay salvación, porque no hay otro nombre bajo el cielo dado a los hombres en el cual podamos ser salvos. (Hechos 4:12).

Y es que ningun otro ha sufrido dolores y quebrantos por nosotros solamente el Señor del tabernáculo Jesucristo.

Moisés recibe indicaciones precisas y específicas de parte de Dios para que construya un altar donde se llevarían a cabo los sacrificios y holocautos al Señor; En este altar se presentaban las ofrendas de animales engordados para la remisión de los pecados del pueblo, los sacerdotes realizaban este trabajo todos los días.

(1) Haz un altar de madera de acacia, cuadrado, de dos metros con treinta centímetros por cada lado y de un metro con treinta centímetros de alto. (2) Ponle un cuerno en cada una de sus cuatro esquinas, de manera que los cuernos y el altar formen una sola pieza, y recubre de bronze el altar. (3) Haz de bronce todos sus utensilios, es decir sus porta cenizas, sus tenazas, sus aspersorios, sus tridentes y sus braseros. (4) Hazle también un enrejado de bronce con un anillo del mismo metal en cada una de sus cuatro. Esquinas. 5) El anillo ira bajo el reborde del altar, de modo que quede a media altura, el reborde del mismo.

(6) Prepara para el altar varas de madera de acacia y recúbrelas de bronce (7) Las varas deberan pasar por los anillos de modo que sobre salgan de los dos extremos del altar para que este pueda ser transportado. (8) El altar lo harás hueco y de tablas exactamente como el que se te mostró en el monte. Éxodo 27:1-8.

El altar del sacrificio, basicamente se trata de un cajón de madera recubierto con bronce diseñado de tal manera que pudiera ser trasladado, en él se ofrecían los sacrificios. Esta instrucción contrasta con lo que dice el Señor en Éxodo 20:24, donde el no quiere altares especiales. Altar de tierra harás para mi, y sacrificarás sobre él tus holocautos y tus ofrendas de paz, tus ovejas y tus vacas; en todo lugar donde yo hiciere que este la memoria de mi nombre, vendré a ti y te bendeciré.

Este altar cuando se construyó ya en los distintos santuarios, y luego en el templo de Jerusalén, estaba provisto de cuernos en sus cuatro ángulos que servían para que un perseguido a muerte se sujetará de ellos y le fuera reconocido su asilo en el santuario.

(Ex 21:14. 1 Reyes 1:50 y 2:28.)

El altar del sacrificio tiene una gran enseñanza para los creyentes que profesamos la fe en aquel que derramo su preciosa sangre para redimirnos del pecado y la maldad de hoy dentro de los que esta usted y yo.

Nos muestra que Jesucristo tomó, agarró, nos quitó todos nuestros pecados y los hizo suyos, podríamos decir que se apoderó de ellos y éste acto realizó enormes cambios tanto en la personalidad de Cristo Jesús, como hombre, así como en la condición de la humanidad entera.

¿Por qué? Porque al hacer suyos nuestros pecados Jesucristo se hizo pecador (a voluntad) *Al que no cometió pecado, por nosotros lo hizo pecado, para que nosotros fuesemos hechos justicia de Dios en él. (2 Cor. 5: 21).*

Otro cambio significativo que sucedió fue que nosotros fuimos perdonados, limpiados emblanquecidos y presentados justos delante de Dios. Gloria sean dadas al cordero sin mancha, ni contaminación que vino a redimirnos. Imagínese usted estimado lector: El justo, se hace injusto tomando los pecados del injusto (usted y yo) para presentarlo justo ante Dios.

¿Qué hemos hecho nosotros para merecer tan grande privilegio? Nada!! Nada porque ya Jesucristo pagó para redimirnos con su muerte expiatoria. Nada porque ya él nos lavó con su sangre preciosa. Nada porque ya él nos dio la libertad desatándonos de las cadenas que nos tenían amarrados junto a nuestros pecados y delitos, pero eso a él no le importó, él vino para liberarnos y lo hizo, ahora nosotros le pertenecemos a él, el problema es que nosotros le hemos rechazado y nos hemos ido (vuelto tras otros dioses,) *"A lo suyo vino, pero los suyos no le recibieron, pero a todos los que le recibimos, a los que creemos en su glorioso nombre: nos ha dado el privilegio y la protestad de ser llamados sus hijos. Juan 1: 11, 12* El sacricio de Cristo en la cruz, fue la obra más importante para el ser humano después de la creación. ¡¡Gloria a Dios!!

El altar del sacrificio, era un lugar ubicado al centro del santuario donde los sacerdotes realizaban lo sacrificios diariamente y la sangre de los animales sacrificados, era rociada sobre las paredes del santuario esto era para limpiar cualquier pecado o para sanidad de algunas enfermedades.

Ahora el altar del sacrificio nos enseña a Jesucristo como el cordero inmolado, nos presenta a Cristo derramando su sangre una vez y para siempre lavando con ella el pecado de toda la humanidad. Nos presenta a Cristo como el último sacrificio, porque a partir de él; ya no se necesitó más sarificios de animales, nos presenta a Cristo poniendo su vida voluntariamente para evitar que nosotros fuesemos muertos por nuestros pecados y para darnos libre acceso al padre, nos presenta a Cristo sufriendo por nosotros el martirio, nos presenta a Cristo clavado en el monte de la calavera, nos presenta a Cristo entre dos ladrones, nos presenta a Cristo muerto por nuestras culpas, y nos presenta a Cristo venciendo a satanás, resucitado; triunfando contra la muerte y presentándonos justos delante de Dios.

Ciertamente llevó Él nuestras enfermedades, y sufrió nuestros dolores. Nosotros le tuvimos por azotado, por herido de Dios y afligido, (cuando lo azotaron), Más Él herido fue (cuando le rompieron su piel con la corona de espinas, los clavos y la lanza traspasaron su cuerpo) por nuestras transgresiones, molido (cuando lo hicieron azotar y cargar su propia cruz) por nuestros pecados, el castigo de nuestra paz fue sobre Él (cuando por usted y por mi le clavaron en la cruz) y por sus llagas fuimos nosotros sanados.(Isaías 53:4).

B.- El altar para los holocaustos, Éxodo 38: 1,7.

Bezalel hizo de madera de acacia el altar de los holocaustos. Cuadrado, de dos metros con treinta centímetros por lado, y de un metro con treinta centímetro de alto, 2 Puso un cuerno en cada una de sus cuatro esquinas, los cuales formaban una sola pieza con el altar y el altar lo recubrió de bronce .3 Hizo de bronce todos sus utensilios, sus porta cenizas, sus tenazas, sus aspersorios, sus tridentes y sus braseros,4 Hizo también un enrejado para el altar - una rejilla de bronce - y la puso bajo el reborde inferior del altar a media altura del mismo.5 Fundio cuatro anillos de bronce para las cuatro esquinas del enrejado de bronce para pasar por ellos las varas; 6 Hizo las varas de madera de acacia, las cubrio de bronce.7 Y las introdijo en los anillos de modo que quedaron a los dos costados del altar Para poder transportarlo. Éxodo 38: 1, 7.

En este altar se realizaban para el Señor, todos los holocaustos que el pueblo presentaba, habia una gran solemnidad, el pueblo traía, y presentaba.

Mientras que el grupo sacerdotal hacía la liturgia para la presentación de las ofrendas, todo era sacro, silencio, atencion total y la Gloria del Señor (la nube) bajaba para recibir los holocaustos.

Esa nube era Dios que se agradaba de los sacrificios presentados por su pueblo al que él amaba. Ahora Jesucristo vino a ser el holocausto perfecto para la humanidad. Él le invita a que usted se presente en el altar se entregue a Él y aquella nube que bajaba allá en el tabernáculo vendrá sobre usted y le recibirá transformándole en un holocausto vivo para Dios (le invito a que cierre sus ojos por un minuto e imagine esta escena) quien quite y le arranque a usted también un grito de "Gloria a Dios."

(El holocausto era un sacrificio en el que el animal se quemaba por completo.)

Asi que hermanos mios amados, os ruego por las misericordias de Dios; que presentéis vuestros cuerpos en sacrificio vivo, santo, agradable a Dios que es vuestro culto racional. Rom 12: 1.

C.-El altar del incienso Éxodo 30:1, 5.

Otro de los altares que habian dentro del tabernáculo era el altar del incienso.

El artesano Bezalel. 25 hizo de madera de acacia el altar del incienso. Era cuadrado de cuarenta y cinco centímetros de largo, por cuarenta y cinco centímetros de ancho, y noventa centímetros de alto, sus cuernos formaban una sola pieza con el altar.26 Recubrió de oro puro su parte superior, s us cuatro costados y sus cuernos y en su deredor le puso una moldura de oro. 27 Debajo de la moldura le puso dos anillos de oro es, decir dos en cada uno de sus costados para pasar por ellas las varas empleadas para transportarlo. 28 Las varas eran de madera de acacia y las recubrió con oro. Éxodo 37:25, 28.

Este altar estaba colocado dentro del lugar santo, sobre el estaba el aceite de la unción y el incienso. Los penitentes traían ofrendas de perfumes y aceites, además el altar estaba perfumado permanentemente para ser presentado como olor grato y agradable al Señor con aceite de unción sagrada, e incienso puro y aromático (la mezcla de estos dos elementos producía un olor fragante para Dios). Este altar se encontraba en el lugar donde se ofrecían las oraciones a Dios. ¿Que nos enseña esto a nosotros? Que antes de presentar una oración; debemos limpiarnos lavando nuestros pecados por la fe. Al corazón contrito y humillado; no despreciará el Señor.

Porque los ojos del Señor estan sobre los justos y sus oidos, atentos a sus oraciones; Pero el rostro del Señor esta contra los que hacen el mal. 1 Pedro 3:12. Véase también Salmos 34: 15.

D.- El altar de las ofrendas.

También hecho de madera de acacia, rebestido de bronce.

Siempre que los Israelitas miraban al altar de la ofrenda quemada, reconocían que ellos estuvieron atrapados en sus propios juicios, que eran incapaces de evitar su condenación.

Y que de la misma manera que el animal del sacrificio, era sacrificado; ellos también tenian que morir debido a sus continuos pecados, pero que con solo el hecho de creer y reconociendo al Mesías; Él limpiaría todos sus pecados, borraría sus culpas y les daría libertad de la condenación, porque Jesucristo sería el cordero inmolado por ellos y por nosotros hoy en día. Amén.

E.- Órdenes para los Levitas. Números 3. 1 Cro 23.

¿Quienés eran los Levitas?

Dios exigía a los sacerdotes mantenerse aparte de ciertas cosas, porque eran los líderes espirituales y ceremoniales de la comunidad (Levitico 21: 1, 9). Muchas de las cosas mencionadas en este capítulo no eran pecado, no tienen que ver entonces con la santidad basada en la ética sino con una separación de ciertas cosas para mantenerse concentrados en su vocación de servicio a Jawhe.

Estas reglas representan actos simbólicos que separaban a los sacerdotes del resto del pueblo. Estos simbolizaban la pureaza, sin embargo en el A.T se encuentran muchos desvíos morales en la vida de varios de los sacerdotes. Se puede notar esto aun en la vida del primer sumo sacerdote Aaron con el becerro de oro Éxodo 32.

En Levítico 10 leemos acerca del pecado de los hijos de Aaron, Nadab y Abiu y en 1 Samuel 2: 12, 17 el de los hijos del sacerdote Eli.

La vida y la conducta del sacerdote debía conformarse a la dignidad y solemnidad de su vocacion pues Dios exigia a los sacredotes mayor consagración.

Entre las instrucciones específicas que Dios pedia de los sacerdotes se encontraban las siguientes: No podían tocar un cadaver, aunque había una excepción en el caso de la muerte de un pariente cercano (madre, padre, hermano, hijo o hermana virgen). Levítico 21: 1, 4.

No debían de imitar las costumbres de los pueblos paganos a su alrededor en los momentos de duelo (los seguidores de Baal, cortaban su pelo y su cuerpo en tiempos de duelo), los sacerdotes debían de evitar toda contaminación con esas costumbres paganas debían de consagrarse completamente al Señor y no profanar su nombre porque ellos eran los que presentan las ofrendas quemadas y el pan en el templo a Dios.

Debían mostrar la solemnidad y la dignidad de su vocación porque tenían acceso a la presencia de Dios Lev 21:6.

Tenían que ser prudentes en la selección de su compañera ya que su esposa sería la madre de los futuros sacerdotes, porque (el cargo sacerdotal era hereditario del padre a hijos,) la esposa debía de ser una mujer de honra y estimación, y no podía ser una prostituta, o una divorciada.

La hija del sacerdote, debía de presentar un buen testimonio. Si la hija de un sacerdote se volvía prostituta; deshonraba a sus padres y el castigo era que debia ser quemada en la hoguera. Es sorprendente la severidad del castigo en este caso. Levítico 21:9.

También el sumo sacerdote tenía leyes que cumplir, en Levítico 21: 10, 15 encontramos la primera mensión del sumo sacerdote en la biblia. El sumo sacerdote tenía la responsabiliad de mediar entre Dios y los hombres, él era el que llevaba la sangre detrás del velo para conseguir la remisión de los pecados, por eso en Hebreos, nosotros podemos ver a Cristo; como el sumo sacerdote. Perfecto en su vida, en su martirio, en su ministerio y en su muerte para remisión de nuestros pecados. Hebreos 4: 14 y 5: 10.

Los sumos sacerdotes también pecaban y tenían que presentar sacrificios en el altar ante Dios por sus propios pecados y las exigencias para ellos eran mayores de las que se les exigía a los sacerdotes.

Tenían derecho de vestirse con las ropas sagradas, no debían cortarse el pelo ni razgarse los vestidos en señal de luto, tampoco podían tocar ningun cuerpo muerto ni si quiera de un familiar, (padre o madre etc), no podían salir del tabernáculo, debían casarse con una jóven virgen.

Maxima: *(A mayor responsabilidad; más lealtad).*

El Señor se dirigió a Moisés y le dijo:

> *v 12 De entre los hijos de Israel, he escogido a los Levitas a cambio del primer hijo de cada familia. Ellos me pertenecen. V13 Porque a mi pertenece todo primer hijo, cuando hice morir a todos los hijos mayores de los Egipcios, reservé para mi los hijos mayores de los Israelitas, y las primeros crias de sus animales. Por lo tanto me pertenecen. Yo soy el Señor. Nótese que: "Los Levitas fueron los primogénitos de cada familia de todo el pueblo de Israel."*

A ellos, Dios había asignado un trabajo específico, una responsabilidad muy especial, ellos fueron escogidos y apartados entre todos, para realizar los trabajos de arme y desarme del tabernáculo, fueron los responsables de mantener el santuario y los utensilios de la tienda del encuentro, y estaban al servicio de los Israelitas en todos los oficios del santuario.

Ellos vivían separados del resto de las tribus de Israel para que pudieran dedicarse a servir a Aaron y a su desendencia, quienes eran los sacerdotes y advierte que si alguien oficia como sacerdote sin ser desendiente de la familia de Aaron, muera.

Este falso sacerdote debia de morir, asi estaba estipulado, el mismo se habría labrado su destino.

Eleazar era el jefe principal de los Levitas, el era hijo de Aaron y el se encargaba de vigilar a los que cuidaban el santuario.

Cada uno tenía una responsabilidad diferente v 27. Los clanes de Quehat eran ocho mil trecientas personas contando los niños de un mes de nacido en adelante. Estos clanes se encargaban de cuidar el santuario, y estaban ubicados al lado sur del santuario, el jefe de ellos era Elisafan hijo de Uziel. v31. Estos clanes tenían bajo su cuidado el Arca de la alianza, la mesa, el candelabro, los altares que eran varios, los objetos sagrados necesarios para el servicio religioso (o el culto), el velo y todos los utencilios correspondientes.

Seis mil docientas personas formaban el clan de Merari, Mahli, y Musi; su jefe era Suriel hijo de Abihail. Ellos acampaban al norte del santuario, y cuidaban las tablas del santuario, los trabesaños, los postes, las bases y todos sus utensilios también los postes que rodeaban el patio, sus bases sus estacas y sus cuerdas.

Moisés y Aaron, acampaban al lado oriental frente al santuario ellos cuidaban el santuario en nombre de los demás Israelitas. El resultado del censo que Dios le ordenó a Moisés arrojó un total de veintidos mil varones de un mes para arriba.

F.- Consagración de los sacerdotes. Lev 16: 16, 20. Ex 29: 1, 9. Num 8: 5.

Los ministros (sacerdotes) debían ser purificados o consagrados por un conjunto de procedimientos que fueron ordenados por Dios, con el propósito de asignar una identidad, que se iniciaba inclusive con su vestimenta (Lev 16: 3, 6).

El sumo sacerdote podía entrar solamente una vez por año detrás de la cortina del lugar santísimo (día solemne) era tan solemne que cuando el sacerdote iba a entrar al lugar santísimo de Dios detrás de las cortinas, se le ataba a los tobillos una cuerda con una campanita por si el sacerdote tenía algun pecado y moría en el acto lo jalaban de las cuerdas, ya que nadie más podía entrar ni a sacar el cadaver. El cap 11 de Levítico, presenta una información que permite diferenciar entre lo puro y lo impuro, eran procedimientos para recuperar el estado de pureza.

Cuando un Israelita se había contaminado iniciaban el proceso de la preparación formal y terminaba cuando los sacerdotes y el pueblo eran perdonados, este proceso iniciaba con la purifación de los ministros (sacerdotes).

Tenía que despojarse de sus vestiduras sagradas de sumo sacerdote, lavarse y ponerse una túnica sencilla de lino blanco con una mitra sencilla de lino blanco. (v.4) tenía que escoger dos machos cabríos y un carnero de entre los rebaños, el sacerdote debía reconocer su necesidad de expiar sus propios pecados y era el primero que acudia al rito.

Levítico 16: 6, 14.

La consagracion de los sacerdotes era un acto muy solemne que tuvo lugar dentro del tabernáculo donde participaba todo el pueblo de Israel, este acto fue realizado por Moisés siguiendo las ordenanzas de Dios.

Ellos (los sacerdotes), debían de presentar como ofrenda un novillo, flor de harina amasada, debían de afeitarse todo el cuerpo, y bañarse con agua expiatoria rociada sobre sus cuerpos, Moisés también debió de haber hecho lo mismo.

El santuario y el tabernáculo eran santificados con la presencia misma de Dios.

Lev 16: 16, 20. La reverencia total que esto infundía en el pueblo era notoria. La sola presencia de un pueblo con impurezas contaminaba todo el lugar con sus reveliones y todos sus pecados (v.19).

Entonces era muy importante la obediencia en el desarrollo de todas las actividades ya que esto promovía una alta sensibilidad en el pueblo Judío.

El Señor le dijo a Moisés; Toma a los Levitas de entre los Israelitas y purifícalos, para purificarlos rociales agua expiatoria y haz que se afeiten todo el cuerpo y se laven los vestidos, asi quedaran purificados 8.- Luego tomarán un novillo y una ofrenda de flor de harina amasada con aceite. Tu por tu parte, tomarás otro novillo para el sacrificio expiatorio 9.- Llevarás a los Levitas a la tienda de reunión (este es el tabernáculo de reunión) y consagrarás a toda la comunidad Israelita. 10.- Presentarás a los Levitas ante el Señor y los Israelitas les impondran las manos .11.- Entonces Aaron presentará a los Levitas ante el Señor, como ofrenda mesida de parte de los Israelitas. Así quedarán consagradas al servicio del Señor. Los levitas pondrán las manos sobre la cabeza de los novillos y tu harás propiciación por ellos ofreciendo un novillo como sacrificio expiatorio, y otro como holocausto para el Señor .13.-Harás que los levitas se pongan de pie frente a Aaron y sus hijos, y los presentarás al Señor como ofrenda mecida. 14.- De este modo apartarás a los Levitas del resto de los Israelita para que sean mios. Números 8:5, 14.

CAPÍTULO II

SALOMÓN CONSTRUYE
EL TEMPLO A JEHOVÁ
1 CRON 2: 1, 18. 1 REYES 5: 1, 16.

A.- Construcción del templo

El rey David, sirvió al Dios altísimo todos los días de su vida.

Él en agradecimiento a Dios porque siempre le escuchaba sus oraciones, sus suplicas y sus ruegos, le ofrece construir un templo.

Este templo ya no iba a ser móvil, ni iba a ser desmantelado de el lugar original, sino que iba a estar plantado en un solo lugar, un templo donde habitaría permanentemente la presencia de Dios, un templo construído con la mejor disposición humana para habitación permanente del Dios Omnipotente.

Pero aunque haya nacido en el Corazón del rey David, la obra no la haría él. David recibió palabra de Jehová diciéndole: Porque tu has derramado mucha sangre, has peleado muchas guerras; Tu no me vas a construír ese templo. Aunque David anduvo conforme al corazón de Dios; sus manos estaban manchadas de sangre, si de sangre humana, David había matado a mucha gente, su corazón se había ensañado contra otros semejantes y además había peleado muchas guerras.

Dios demanda corazones limpios, manos limpias, cuerpos limpios, mentes limpias que no hayan derramado sangre inocente.

La oferta de David para Dios de construirle el templo, era muy buena, David estaba mostrando su humildad ante Dios, pero había matado y ese era el problema sin embargo; Dios no rechazo la oferta pero no le permitio a David que la realizara.

Existe en la actualidad un fervoroso rechazo por parte de los Musulmanes a la existencia del histórico templo, ellos han defendido su teoría enraizándola entre sus seguidores.

¿Por qué es tan importante para ellos desacreditar la existencia del templo del Rey Salomón, en el monte del templo? *En el libro del profeta Ezequiel cap 5: 5 dice: Así ha dicho Jehová el Señor; Esta es Jerusalén: La he puesto en medio de las naciones, y de las tierras alrededor de ella.*

Económica y militarmente, la antigua ciudad de Jerusalén, no es muy valiosa; pero historicamente ha sido catalogada como un punto neurálgico y como el corazón del mundo.

Las tres religiones monoteistas más grandes del mundo; El Judaismo, el Islamismo y el Cristianismo; han considerado a Jerusalén desde la historia, como un lugar santo y por miles de años ha sido el epicentro de luchas religiosas, de sangrientas batallas y guerreras.

En el centro de estos conflictos bélicos se encuentra el monte del templo, donde hoy en día en su cima podemos observar la cúpula o domo de la roca, y la mezquita de AL-Agsa custodiada permanente mente bajo un estricto control Islámico.

Los anales de la historia nos enseñan que en este monte, estuvo ubicado el templo del rey Herodes, el cual fue destruído por los Romanos en el año70 d.C.

De acuerdo a nuestro texto sagrado (la Biblia); David gobernó en Jerusalén allá por los años 1.000 a.C y fue este el sitio donde su hijo el rey Salomón construyó el templo que su padre le había prometido a Dios para Alabanza de su Gloria.

La biblia además describe el templo de Salomón como un edificio formidable de enormes dimensiones y extra ordinariamente bello, que servía como lugar de adoración diaria al Dios de Abrahan, de Isaac y de Jacob, que sobresalía en altura a todas las edificaciones de la época.

Tenía una habitación llamada el lugar santísimo en el que se guardaba el arca de la alianza que contenía las tablas con los diez mandamientos.

Para los clérigos Islamistas, el relato bíblico del templo de Salomón es un intrincado problema, porque aceptan la existencia del templo, entonces deberán de reconocer la certeza historica de las escrituras Hebreas (o el Antiguo testamento) que afirma que la bendición de Dios a Abrahan, pasó a Isaac, a Jacob y a sus decendientes el pueblo de Israel.

Esto contradice radicalmente las enseñanzas del Corán, que dice que las bendiciones pasaron de Abrahan, a Ismael y a sus decendientes el pueblo Árabe.

El templo de Salomón es un elemento esencial de los acontecimientos bíblicos; pero la historia se está reescribiendo.

En Julio del año 2.000 las delegaciones de Israel y Estados Unidos se reunieron en la residencia de verano del presidente de los Estados Unidos, para discutir nuevas medidas.

Cuando el líder Palestino; Yasser Arafat, dijo que el monte del templo, no era el sitio del templo de Salomón.

Segun Arafat, eso fue una historia inventada por los Judíos. A estas declaraciones, se han venido sumando mas líderes Islámicos, los que han declaredo que Salomón nunca contruyó un templo en Jerusalén.

Nueve años más tarde en 2.009 The Wall Street Journal, publicó: Que un magistrado Islámico había declarado que el templo de Salomón, no tenía raices historicas y que los Judíos se habían propuesto a atacar la historia, a robar la cultura, a falsificar los hechos, a eliminar la verdad, y a Judaizar el lugar.

2 Crónicas 7:1 dice: Que cuando Salomón terminó su oración de dedicación del templo descendió fuego del cielo que consumió el sacrificio presentado y como sucedía en el tabernáculo del

desierto, Levítico 9: 24; La Gloria de Dios llenó el templo, muestra de que Dios se complacía y aceptaba con agrado el templo hecho de manos de hombres para Alabanza de su Gloria.

Los líderes Islámicos, no aceptan la veracidad de esta escritura porque contradice sus perspectiva en cuanto a la forma en que Dios trabaja.

Hay razones; *El profeta Isaías en el cap 2: 2-3 escribió: Acontecerá en los últimos días que será confirmado el monte de la casa de Jehová, como cabeza de los montes y será exaltado sobre los collados y correrán a el todas las naciones y vendrán muchos pueblos y dirán venid y subamos al monte de Jehová a la casa del Dios de Jacob y nos enseñará sus caminos y caminaremos por sus sendas porque de Sion saldrá y de Jerusalén la palabra de Jehová.*

Allá en Zacarías 8: 20-22 dice*: Asi ha dicho Jehová de los ejércitos; aun vendrán pueblos y habitantes de muchas ciudades 21.y vendrán los habitantes de una ciudad y otra. Y dirán: vamos a implorar el favor de Jehová de los ejércitos, Yo también iré .22 .Y vendrán muchos pueblos y fuertes naciones a buscar a Jehová de los ejércitos en Jerusalén y a implorar el favor de Jehová.*

Los clerigos Palestinos desean desacreditar las exigencias Judías sobre el monte del templo porque las profecías bíblicas anuncian que el Mesías reinará desde Jerusalén.

De allí el rechazo de la existencia del histórico templo difundido y enraízado entre el mundo Musulman. Los profetas Hebreos predijeron puestos importantes para los Judíos en el esperado Nuevo Reino del Mesías.

B.- El templo destruído. Año 586.

1.- El pueblo Hebreo, durante la época del Rey David era poderoso desde el punto de vista social, económico y político. Lamentablemente despues de David y durante el reinado de Salomón, Israel se dividió en dos.

a) El reino del norte (Israel) formado por 10 tribus.

b) El reino del sur (Judá) formado por dos tribus solamente.

En el año 722 a.c Dios castigó a Israel (las diez tribus del norte) por su desobediencia e idolatría, permitiéndole a los Asirios que invadieran Israel, y luego los deportaran y esclavizaran.

Las tribus del sur (Judá) siguieron los mismos caminos de Israel y como consecuencia el año 586 a.c. Nabucodonosor capturó a Jerusalén y destruyó el templo que Salomón había construído para Dios. (Este fue el templo original o más conocido el primer templo).

2.- Judá fue llevado cautivo a Babilonia:

> *Todo este país quedará reducido a horror y desolación y estas naciones servirán al rey de Babilonia durante setenta años (Jeremías 25:11.) Corría el primer año del reinado de Dario hijo de Jerjes, un Medo que llegó a ser rey de los Babilonios. cuando Yo Daniel logre entender ese pasaje de las escrituras donde el Señor le comunicó al profeta que la desolación de Jerusalén duraría setenta años. Daniel 9: 1, 2.*

El pueblo de Judá, en sus continuas muestras de desobediencia a Dios y falta de atención a los muchos llamados de dejar a un lado la idolatría y el estilo de vida pecaminoso que llevaban, fueron el blanco perfecto para el castigo divino, *"Porque la paga del pecado es muerte"* ellos habían pecado y merecían morir.

Dios no los mató; pero si los castigó permitiendo la invasión por parte de Nabucodonosor rey de Babilonia quien incursionó tres veces y debastó por completo al pueblo de Judá, llevándose cautivos a la mayoría de los pobladores; incluyendo a algunos sacerdotes y profetas dentro de los que se encontraba el profeta Ezekiel.

Todos fueron testigos de una de las más grandes redadas de la historia, esto sucedió allá por los años 586 a.c.

Durante el reinado de Nabucodonosor el pueblo de Judá nunca tuvo paz ni la tendrían hasta el cumplimiento de la profecía.

Serían 70 años pues Dios ya había decretado a través del profeta Jeremías que el pueblo duraría 70 años en un cautiverio causado por su desobediencia. Esta decisión venía de Dios y nadie la podía cambiar porque durante ese tiempo, él iba a hacer milagros y obras maravillosas para su pueblo a través de aquella situación.

C.- Reconstrucción del templo. Hageo 1: 8, 12, 15.

Los primeros Judíos que retornaron del éxilio babilónico fueron dirigidos por Zorobabel (Esdras 1:6), lo primero que hicieron fue poner los cimientos para la reconstrucción del templo, pero transcurrieron 16 años antes de que el templo fuera terminado. (Esdras 4: 24) Cuando se colocaron los cimientos, los pueblos vecinos se ofrecieron para ayudarles en la reconstrucción. Como estos eran enemigos de Judá; realmente lo que querían era infiltrarse entre el pueblo de Dios, para entorpecer la obra y corromper la verdadera adoración a Dios. Judá comprendió muy bien el motivo de aquella mal intencionada oferta y rechazo la ayuda, en ese momento se reveló el verdadero espíritu de sus adversarios.

Después de haber colocado los cimientos para la reconstrucción del templo, la obra se paralizó por un período de 16 años, el pueblo había tomado una excusa engañosa y una mala desición: **"Todavía no ha llegado el tiempo para edificar"**. Ellos concideraron que no era el tiempo adecuado para realizar la obra probablemente porque:

1) Esperaban mejores cosechas, tiempos de abundancia para asi obtener los recursos necesarios económicos para adorar a Dios y recosntruir entonces el templo.

2) No vieron la necesidad de reconstruir el templo, porque ellos tenían un altar sencillo donde presentaban sus ofrendas a Dios.

3) No descartemos la idea de que ellos detuvieon la obra de reconstrucción por temor a las hostilidades de los Samaritanos, no obstante el pueblo había construído buenas casas para vivir comodamente y se olvidaron de lo más importante "La Casa de Dios."

1.- Subid ..... Traed ..... reedificad la casa. Hageo 1: 4, 8 Recibió el pueblo indicaciones específicas para reconstruir la casa de Dios. Jehová les dijo: subid al monte y traed madera y reedificad la casa, y pondré en ella mi voluntad y seré glorificado. Después de que Hageo entregó al pueblo el mensaje de Dios v 14, 15 iniciaron con alegría y gran algaravilla los trabajos de reconstrucción, terminó la indiferencia, y el desaliento y el pueblo y sus líderes tuvieron ánimo para trabajar en la casa de Jehová de los ejércitos. El entusiasmo llegó por dos razones.

1.) Dios prometió su presencia en medio de ellos (v 13).

2.) Dios despertó el espíritu de Zorobabel hijo de Salatiel, de Josué hijo de Josadac y de todo el pueblo (v.14).

D.-¿Por qué Salomón y no David?

A Dios le agradó la propuesta de David, pero le dijo: tu no, ese privilegio será para tu hijo Salomón, él me construirá el templo. La limpieza del corazón, del alama y del espíritu es demandada por Dios, a todos sus hijos y debe ser parte integral del hombre que ama a Dios. David amaba a Dios pero aunque fue recto ante él, no fue íntegro en todo, por eso no le fue permitido por Dios que él le construyera el templo.

En la actualidad, tanto los Judíos, como los Cristianos se han dado a la tarea de raconstruír un templo creyendo en la profecía bíblica que habla de un futuro "tercer templo", cuando Jesusalén se colocará en el ojo del huracán convirtiéndose en un centro de peligro.

El historiador del primer siglo Flavio Josefo dice que cuando el ejército Romano saqueó Jerusalén, en el año 70 d.C el templo Judío fue incendiado y destruído. Tito el conquistador Romano erigió un arco como monumento para recordar su victoria.

Ese arco aún existe hoy en día, y está adornado con escenas talladas que representan a los soldados romanos, sacando varios objetos del templo de Jerusalén incluyendo el gran candelabro de 7 brazos elaborado en oro, las trompetas de plata, y la mesa del pan de la proposición.

Este arco es prueba feaciente de la existencia del templo de Jerusalén, muchos Judíos han puesto su rostro en tierra, han orado desde el tiempo de Josefo y Tito; hasta hoy por la reconstrucción del templo, citando las instrucciones que Dios le dio a Moisés en Éxodo 25: 8: Y harán un santuario para mi, y habitaré en medio de ellos.

En el 2011 durante el servicio Judío de oración en el muro Occidental, el rabino Eliyahu pronuncio la siguiente oración que dice textualmente: Elevamos nuestras voces a Dios, clamamos a él como un niño clama por su padre.

Cuando un hijo llora, su padre lo comprende. Asi es como gritamos a Dios, sin hablar. Oramos a Dios para que la oración no se lleve a cabo solamente aquí, sino en el templo Santo sobre el monte del templo. Que este se construya rápido y en nuestro días.

Esta oración responde a las intensas emociones que provoca la idea de reconstruir el este lugar sagrado. Una de las organizaciones que se comprometió a reconstruir el santuario es: "El instituto del templo". Este grupo con sede en Jerusalén, afirma que dicha reconstrucción es un mandamiento bíblico.

Sus miembros ya han recreado muchas vasijas sagradas, además del candelabro de 7 brazos de oro puro, el altar del incienso y la vestimenta especial que usarán los sacerdotes, anticipandose a la restauración de los servicios sagrados en el templo.

La palabra de Dios menciona que: todo vuestro ser, alma, cuerpo y espíritu sea guardado irreprensible hasta la venida de Cristo.

Estamos viviendo un tiempo difícil aquí en la tierra. Ojo, dije díficil, no imposible.

Porque cuando Cristo venga y nos lleve con él nos dará entrada al más grande santuario habido y por haber, al tabernáculo celeste donde entraremos para adorar, alabar y glorificar el nombre santo y sublime de Jawhe por toda la eternidad. "Gloria a Dios."

E.-El decreto de Ciro (538 a.C) puso fin al cautiverio.

Exactamente a los 70 años que fueron los mismos que duro el imperio Babilónico, se levantó Ciro rey de los Medos y de los Persas. Ciro era la revelación del poder de Dios traería el cumplimiento de su promesa de liberación. Ciro conquistó Babilonia y tomó dominio del imperio. Con esto comienza a visualizarse la obra libertaria de Dios para su Pueblo. Por primera vez un rayo de esperanza invade a los cautivos.

En cumplimiento de la palabra del señor, dada por medio del profeta Jeremías en el primer año del reinado de Ciro rey de Persia el señor puso en el corazón del rey que promulgara un decreto por todo el reino; y asi lo hizo. Dios actuó milagrosamente a favor de su pueblo al que él ama, el primer año de Ciro rey de los Persas, para que se cumpliera la palabra de Jehová por boca de Jeremías, el rey promulgó en forma oral y por escrito lo siguiente:

Vers 23: Asi dice Ciro Rey de Persia: Jehová el Dios de los cielos me ha dado todos los reinos de la tierra y Él me ha mandado que le edifique casa en Jerusalén que esta en Judá. Quien haya entre vosotros de todo su pueblo, sea Jehová su Dios con Él y suba. (2 Cron 36: 22- 23 N V I.).

Ciro el Nuevo rey de esa región fue un buen rey, fue el rey libertador que no solo concedió a los Judíos permiso, sino también, recomendaciones, garantías y dinero para que retornaran a Jerusalén y reedificaran el templo de Jehová destruído por Nabucodonosor. (Esdras 1:13).

Ciro eliminó el cautiverio permitiéndole a los Judíos regresar a su ciudad construyó Jerusalén, puso los fundamentos para el templo y le dio libertad a Judá, por eso:

Isaías 44:28 dice: Ciro es mi pastor y cumplirá todo lo que yo quiero al decir a Jerusalén serás edificada y al templo serás fundado.

Dios le dice al pueblo por medio de Hageo: Meditad bien sobre vuestros caminos, considerad bien cual es vuestra prioridad, si no daban el primer lugar a Dios podrían sufrir graves concecuencias.

Hageo les recuerda que por haber sido negligentes en la tarea de reconstrucción del templo estaban sufriendo las concecuencias de su desobediencia.

Máxima: *"toda desobediencia trae consigo una consecuencia".*

Habían malas cosechas, esto provocó escaces de alimentos, sus vestiduras eran inadecuadas, se cubrían con arapos, y se sentían insatisfechos, todo esto a pesar de que trabajaban esforzándose por poseer más y más para sus deleites y muy poco para Dios. Hageo 1:5.

F.- Materiales para el tabernáculo.
Éxodo 35:4 -9-20: 29.

Y habló Moisés a toda la congregación de los hijos de Israel, diciendo: *Esto es lo que Jehová ha mandado: 5. tomad de entre vosotros ofrenda para Jehová; Todo generoso de corazón la traerá a Jehová; Oro, plata, bronce, 6. azul, púrpura, carmesí, lino fino, pelo de cabras,7.pieles de carneros teñidas de rojo, pieles de tejones, madera de acasia, 8.aceite para el alumbrado, especias para el aceite de la unción y para el incienso aromático, 9. y piedras de onice, y piedras de engaste para el efod y para el pectoral. Y salió toda la congregación de los hijos de Israel de delante de Moisés. 21.Y vino todo varon a quien su corazón estimuló, y todo aquel a quien su espíritu le dio voluntad, con ofrenda a Jehová para la obra del tabernáculo de reunión y para toda su obra y para las sagradas vestiduras. 22. Vinieron así hombres como mujeres, todos los voluntarios de corazón y trajeron cadenas y zarcillos, anillos y brazaletes y toda clase de jollas de oro, y todos presentaban ofrenda de oro a Jehová.23.Todo hombre que tenía azul purpura carmesí, lino fino, pelo de cabras, pieles de carneros teñidas de rojo o pieles de tejones; los traía. 24. Todo el que ofrecía ofrenda de plata o de bronce traía a Jehová la ofrenda; y todo el que tenía madera de acasia, l a traía para toda la obra del servicio. 25 Además todas las mujeres sabias de corazón hilaban con sus manos y traían lo que habían hilado: azul, púrpura, carmesí o lino fino.26 Y todas las mujeres cuyo corazón las impulso en sabíduria hilaron pelo de cabra.27. Los príncipes trajeron piedras de Onice y las piedras de los engastes para el efod y el pectoral. 28.Y las especias aromáticas y el aceite par el alumbrado para el aceite de la unción, y para el incienso aromático.28 De los hijos de Israel, así hombres como mujeres, todos los que tuvieron corazón voluntario para traer para toda la obra, que Jehová había mandado por medio de Moisés que hiciesen, trajeron ofrenda voluntaria a Jehová. El corazón dadivoso del pueblo de Israel, se desbordo llevando para el templo, despojandose de todas sus alhajas. Cabe mencionar que todo aquel oro, plata, bronce y el cobre; Dios se lo quito a los Egipcios; en los que puso corazones bondadosos para que le entregaran todo a su pueblo; cuando los sacó de la esclavitud, esto tenía un fin; y era que toda aquella riqueza humana y material; iba a ser usada en la construccion del tabernáculo para alabanza de la gloria de Jawhe en el desierto.*

G. - Consagración del templo. 2 Cron 6: 12, 24- 7: 1, 10.

Salomón en la oración de consagración del templo decía: que el templo que había construído no sería capaz de albergarar al Santo y Poderoso, al Rey Omnipotente, al Dios que es sobre todos los dioses.

Ese templo magestuoso, opulente e impresionante prometido a Dios por el rey David, no fue construído por él; sino por su hijo, siendo aun muy joven, desde aquí empezamos a ver toda la sabiduría que Dios se dignó en darle a Salomón. Esto nos ayuda a ilustrar un poco, dos aspectos muy importantes, la majestad del templo, representa la majestad de Dios quien es Soberano, por encima de todo.

La segunda cosa es que los materiales con los que fue construído el templo nos hacen reconocer que Dios es el dueño de la plata, del oro, del bronce, y de todo lo que existe.

"Mia es la plata y mio el oro". Los diferentes altares nos recuerdan que Jesucristo derramo su propia sangre entregándose en sacrificio a la muerte por nosotros.

Permítale a Dios ser el dueño de su vida. Haga de su cuerpo un altar, Ya no de sacrificio más bien de Alabanzas al Señor del tabernáculo, entréguele a él su alma y él le dará entrada a esa gloriosa mansión celestial que es el verdadero tabernaáculo. Éxodo 29: 1, 9.

El verdadero tabernáculo, está en el cielo, *2. El que sierve en el santuario, es decir en el verdadero Tabernáculo, Levantado por el Señor y no por ningún ser humano .3 A todo sumo sacerdote se le nombra para presentar ofrendas y sacrificios, Por lo cual es necesario que también tenga algo que ofrecer. 4. Si Jesús estuviera en la tierra no sería sacerdote, pues aqui ya hay sacerdotes que presentan las ofrendas en conformidad con la ley. 5. Estos sacerdote sirven en un santuario que es copia y sombra del que esta en el cielo tal como se le advirtió a Moisés cuando estaba a punto de construir el tabernáculo:*

Asegúrate de hacerlo todo según el modelo que se te ha mostrado en la Montaña. *(Heb 8: 2, 6 NVI).*

El verdadero tabernáculo no está en el desierto, está en el cielo:

Después de esto miré, y en el cielo; se abrió El templo, el tabernáculo del testimonio. Del templo salieron los siete Ángeles que llevaban las siete plagas, 8. El Templo se llenó de humo que procedía de la gloria y del poder de Dios, y nadie podía entrar allí hasta que se terminaran las siete plagas de los siete ángeles. (Apoc 15:5, 8 NV I). Yo Daniel logré entender ese pasaje de las escrituras donde el Señor le comunicó al profeta Jeremías que la desolación de Jerusalén duraría setenta años. Daniel 9: 1, 2.

Judá estaba cautivo, eran rehenes de Babilonia los tenían como esclavos, eran maltratados, y abusados, trabajaban por largas horas al día por poco o nada de dinero, estaban en una situación incómoda y lo único que querían era ser liberados, ahora clamaban, gritaban por una liberación inmediata, ya no querían seguir siendo esclavos pero el plan de Dios ya estaba dicho y la fecha de su liberación, ya estaba escrita serían 70 años ni un día más, ni un día menos.

"Pero cuando se hayan cumplido los setenta años, Yo castigare por su iniquidad al rey de Babilonia y a aquella nación, país de los Caldeos y los convertiré en desolación perpetua afirma el Señor. (NVI Jeremías 25:12").

Durante los 70 años en que los Judíos permanecieron en cautividad, el poderío de Babilonia fue destruido por un ejército fusionado entre los Medos y Los Persas.

H.- Cronología de los templos:

A.- El templo que construyó Salomón, conocido también por el primer templo fue destruido por Nabucodonosor allá por los años 586 a.C, él incursionó y debastó la ciudad en tres ocaciones.

B.-El Segundo templo (ya no de Salomón) fue cimentado por Ciro, el rey de los Medos y los Persas 70 años después del primero, Ciro conquistó Babilonia y dominó sobre todo aquel imperio. Este templo, también fue destruído, saqueado y quemado.

C.- Ahora mismo, en Israel se está terminando la costruccción del tercer templo, réplica del templo original que construyó Salomón, el hijo de David. Usando los mismos materiales. Las costureras, hilan pelo de cabras para las cortinas del nuevo templo, los sastres cortan y cosen las túnicas para los sacerdotes, los artesanos del bronce ya están preparando los diferentes altares.la primera orden de sacerdotes ya esta lista para ejercer el trabajo sacerdotal, el templo, los materiales, las túnicas, los accesorios, el personal y la liturgia serán todos una réplica exacta del templo Salomónico, esto ya no es un plan es una realidad, ya todo esta listo para empezar a oficiar las primeras seremonias litúrgicas a la usanza de las celebradas en el templo original de Salomón, (es una profecía más cumplida).

D.- Pero hay un templo que es antes de estos tres arriba mencionados, este es el verdadero templo, el original, el modelo, el celestial. Es un templo no hecho de manos hunanas que no es réplica de ninguno de los terrenales, es el templo santísimo este templo está en el cielo, en la mansión preparada para los santos como usted y como yo.

Gloria a Dios que cuando los santos seamos llamados a irnos con él, tendremos un templo esperándonos donde viviremos por la eternidad en una eternal alabanza, cantando y honrrando El Santo y Glorioso nombre de nuestro Jawhe. Jehová Dios de los ejércitos.

Capítulo III

La iglesia de hoy

A.- Movimiento Azusa.

Tomado del libro: A 100 años de Azusa de Frank Bartleman.

Pocos eventos han afectado tanto la historia de la iglesia moderna como el famoso avivamiento de la calle Azusa, ocurrida entre los años 1906 y 1909 que abriera el camino para la renovación pentecostal que alcanzó a todo el mundo del siglo veinte.

De este avivamiento ha surgido un movimiento que en 1980 cuenta con más de 50 millones de pentecostales clásicos en incontables iglesias y obras misioneras en practicamente todas las naciones del mundo.

Además de estos pentecostales hay innumerable carismáticos en cada denominacion, al menos parte de los cuales cuyo legado puede remontarse a las reuniones que se realizaban en la obra misionera de la calle Azusa.

En 1906, Seymour, recibió una invitación para predicar en una iglesia del Nazareno (negra) en Los Angeles pastoreada por una predicadora la reverenda Sra Hutchinson, al llegar a los Ángeles, en la primavera del 1906, Seymour se encontró con una ciudad de 228 mil habitantes que crecía un 15% cada año.

La atención religiosa de la ciudad se dividía entre muchas religiones extrañas y una gran diversidad de denominaciones.

La vida religiosa de la ciudad era dominada por Joseph Smale, cuya enorme primera iglesia Bautista se había transformado en la iglesia del N. Testamento, como consecuencia del avivamiento Gales que se estaba haciendo sentir en Los Ángeles en ese momento.

Otra importante influencia religiosa en la ciudad era Phineas Bresse quien había fundado la iglesia Pentecostal del Nazareno en 1895. En un intento de preservar la enseñanza de la Santidad que según él, se estaba perdiendo en la iglesia Metodista, denominación en la cual el había servido como ministro dirigente durante aproximada mente 30 años. Phineas Bresse empezó su trabajo en la obra misionera Peniel en la zona mós pobre de la ciudad.

B.-Despertar Espiritual.

La iglesia Cristiana que ha estado aletargada por muchisimos años, tiene que tener un nuevo despertar, hoy es el tiempo de recoger la cosecha de almas que los pioneros del evangelio continuado y enseñado por nuestro Señor y Salvador Jesucristo sembraron.

Hoy ese evangelio esta dando frutos y es el tiempo para continuar.

No podemos, ni debemos por ninguna razón quedarnos como estamos, (la parábola de los talentos es muy clara) y es necesario que reflexionemos en ella. Hay que levantarnos y ponernos en fila al frente de la batalla para luchar contra las fuerzas invisibles porque nuestra lucha no es contra carne ni sangre, sino contra principados y potestades, tenemos que arrebatarle las almas al enemigo almas que serán para Cristo.

En este nuevo despertar, debemos de unir fuerzas y armarnos con el apresto del evangelio, con la espada de la Fe, y con la armadura de Cristo para una batalla donde tomaremos las almas, lucharemos con ahinco (fieresa) y ganaremos, porque iremos liderados por nuestro general de divisiones, Jesucristo el fuerte en batallas.

Vamos a conquistar la tierra que él nos ha dado, solo vayamos y tomemosla.

Debemos de levantarnos en otro movimiento como el de 1906 a 1909 realizado en Los Ángeles, predicandole al mundo para que vengan al conocimiento de la palabra, con valor, hablando con tezon, porque Cristo regresa pronto: (he aqui Yo vengo pronto y mi galardon conmigo). Debemos de continuar con la tarea gigantesca de salvar las almas para Cristo.

Y el Señor añadía a la iglesia, cada día los que habían de ser salvos- Hechos 2: 47.

En los tiempos que vivimos la iglesia del Señor está atravesando por un puente sobre un abismo profundo que la esta llevando al colapso; Si al colapso espiritual. Tomando en cuenta la experiencia por la que paso el pueblo Judío en los días de el profeta Hageo, y la reconstrucción del templo; quiza sea conveniente detenernos un poco para considerar cual es la condición de la casa de Dios a la que asistimos los domingos y algunos dias durante la semana, pero más importante aun sería considerar cual es la condición del templo del Espíritu Santo que es usted hermano lector y soy yo.

¿Cuál es nuestra condición? Acaso no sabéis que vuestro cuerpo es templo del Espíritu Santo?

¿Nos estamos preocupando por mantenerlo limpio? ¿Arreglado? ¿En espera de una llenura?

1 Corintios 6: 19, 20.

Si descubrimos que hay necesidad de reconstruir la casa de Dios a la que asistimos y el templo del Espíritu Santo, no dejemos pasar el tiempo; Hagámoslo hoy. *"Si oyereís hoy su voz no endurezcaís vuestro corazón"*. (Hebreos 3: 15).

Dios con su presencia nos ayudará a llevar a cabo todas las reconstrucciones espirituales necesarias para que podamos alabarle con libertad y soltura. *En espíritu y en verdad porque el Padre busca a esta clase de adoradores para que le adoren."* (Juan 4: 23).

El avivamiento espiritual de un pueblo o de una persona, se manifiesta cuando hay una relación íntima con Dios y un corazón dispuesto a asumir un compromiso serio, firme y honesto, salido del corazón para esa relación, una acción práctica que nos lleve a tomar decisiones correctas. Es determinar donde estan nuestras prioridades, meditar bien sobre nuestros caminos (Hageo 1: 5, 7) entonces he aquí la pregunta, ¿Cuál es nuestra prioridad? Es hacer la voluntad de Dios o realizarme en mi propia voluntad.

C.- Depresión spiritual.

En nuestras iglesias, ya hemos dejado a un lado el verdadero espíritu de adoración a Dios que había en la iglesia primitiva, y hemos habierto las puertas permitiendo entrar prácticas impuras, non -santas y desagrables a Dios.

El domingo, estuve dando una clase de escuela dominical y dije: Que hay prácticas en la iglesia (en general) que nos impiden mantener una relación buena y sana con Dios, nos impiden ayunar, orar y alabar a Dios como se hacía en el tabernáculo, que hay hermanos (sin referirme a nadie en particular), que no pueden o no quieren dejar de fumar (pero son cristianos). Tan solo mencioné eso, se levantó una hermana muy furiosa y me dijo: "Como vamos a crecer, si usted con sus interpretaciones antibíblicas está visiblemente en contra de estos pobres hermanos, ¿dónde dice la biblia que no pueden fumar?" Y sin bajar su tono de voz y expresando su enojo continuó diciéndome que yo quien era para juzgar a los hermanos, que yo no era el Espíritu Santo, y tampoco la congregación de la iglesia lo era para juzgar.

Le contesté lo siguiente: La iglesia de la cual usted es miembro, siempre, desde sus inicios ha sido una iglesia de santidad, de hecho en todas la iglesias se puede observar un rotulo grande que dice: *SANTIDAD A JEHOVÁ*.

El Señor nos manda a ser santos, nos llama a ser santos y nos anima a buscar la santidad.

La iglesia no va, ni podrá crecer si seguimos avocados en esas faltas de respeto a Dios, a su iglesia y a sus siervos.

Hemos dejado a Dios a un lado para "adorar" entre comillas a nuestra manera, nos hemos vuelto yoquepierdistas diciendo:

okey si le agrada a Dios, que bueno, si no pues que agradezca
que le adoro porque asi es que adoro yo y no voy a cambiar, no
hermano lector, Dios no tiene porque, ni necesita agradecer su
manera de adorarle, quien tiene la obligación como cristiano de
rendirle a él la adoración que solo él y nadie más se merece es
usted. La cosa no es que hagamos participe a Dios de nuestras
desiciones, sino ser participes nosotros de las desiciones de Dios,
estar dispuestos a lo que él demande de nosotros. Esto pasa
porque hemos dejado ya nuestro primer amor.

"Pero tengo contra ti, que has dejado tu primer amor." (Apoc 2: 4).

El templo era un lugar donde diariamente varias veces al día, se
ofrecían sacrificios a Dios. Conforme a lo establecido en la ley.
Cada uno debía de llevar su ofrenda de acuerdo a su capacidad
económica y a su condición personal. (Deut 16:17) Se ofrecían
desde bueyes, ovejas, machos cabrios, palomas, aceite, especias
y hasta granos. Dios nunca instituyó una ofrenda demasiado
costosa a alguien que no podía pagar, habían ofrendas especificas,
para asuntos específicos y también habían ofrendas voluntarias.

En muchas de las fiestas, los animales sacrificados eran cocinados
y compartidos entre la gente.

El significado de la fiesta de los tabernáculos, era hacer memoria
de los actos de Dios. Para Jawhe era muy importante que las
nuevas generaciones comprendieran el proceso por el que
pasaron sus antepasados para dirigirse a la tierra prometida, la
intención tenía como objetivo animar a las nuevas generaciones
a ser obedientes.

En segundo lugar para que nunca olvidaran que haría cualquier
cosa por librarlos siempre y cuando ellos permanecieran como
su pueblo escogido.

La fiesta de los tabernáculos era un evento multitudinario convocado para celebrar con gratitud la provisión de Dios.

El propósito del holocausto representaba la gracia de Dios sobre su pueblo.

El pueblo debía presentar ofrendas como gratitud a Jawhe. Por medio de estas ofrendas el pueblo debía aprender a ser agradecido todo el tiempo. Deut 16: 15.

E.-) La iglesia acosada por el pecado.

Hoy queremos tener una iglesia, no en paz con Dios; sino en paz con los estatus sociales y que no ofenda a los cambios establecidos por el hombre. Ya es hora de que nos percatemos de que vamos siguiendo el camino equivocado, creyendo seguir y servir a Dios, estamos siguiendo y sirviendo al mundo, vamos conduciendo nuestros pasos al pecado. Los cristianos actuales, nos hemos convertido en observadores y consumidores de las diferentes religiones y nos estamos dejando llevar por todo viento de doctrinas, que a veces no tienen nada que ver con Cristo ni con lo que es el verdadero cristianismo.

Nos hemos vuelto dogmáticos obedientes a los dogmas de algunos charlatanes que de ambisión económica lo tienen todo, pero de Dios, ni siquiera hablan. En nuestras iglesias, ya no se escuchan aquellos sermones llamando a la santidad, que llenaban el corazón de los incoversos y los traían al arrepentimiento, pero han surgido muchos burladores, charlatanes y falsos profetas que hábilmente le venden mensajes de prosperidad. En vez de serle fieles a Dios, le somos fieles a los hombres y hasta queremos imitarlos, pero porque en ves de imitarlos a ellos, mejor imitemos a Jesús de Nazareth. Pablo dijo:

Sed imitadores de mi; asi como Yo lo soy de Cristo. Cuando hacemos las cosas del mundo que a Dios no le agradan, estamos imitando al mundo.

Las iglesias de hoy han reducido la fe cristiana a días específicos, la adoración a unas dos horas cada domingo y los templos de adoración, en centros de reuniones masivas.

La sola alteración de la liturgia original practicada en el templo, produce pánico, hemos creido que los hábitos de la iglesia son equivalentes a la fe cristiana.

Hemos alterado la iglesia de ser un organismo que representa el cuerpo de Cristo en busca del reino de Dios, a una intitución u organización que funciona bajo reglas o dogmas establecidos y metodos humanos de vana interpretación.

En el libro de Juan cap 2: 11-25 podemos ver un suceso de enojo del maestro cuando entró al templo y miro aquellos cambistas; Antes de apuntar el dedo sobre aquellos sacerdotes, levitas y cambistas sin escrúpulos evaluémonos primero nosotros. ¿Cómo esta nuestro cristianismo? ¿Dónde esta nuestro cristianismo? ¿Cuál es nuestra manera de adorar dentro de nuestro cristianismo.? ¿Acaso hemos captado la escencia de lo que hizo Jesús en el calvario cuando vertió su sangre por lo que nosotros llamamos un rescate?

1.- El ser cristiano lo hemos distorcionado de ser llenos del Espíritu Santo e impulsados por el poder de Dios a una simple membresía como la de un club social dentro de la iglesia.
2.- La comunión de ser una relación con una comunidad de creyentes la hemos convertido en una membresía a una sociedad o un grupo.

3.- La adoración ha dejado de ser un encuentro personal con Dios y se ha convertido en un meeting religioso de crítica a los demás donde hablamos de todo menos de Dios.

4.- El discipulado ya no es para adquirir madurez espiritual, ya no es negarse a si mismo en una entrega total a Jesucristo, sino para aprender a como entretener a la gente contándole chistes a veces fuera de lo santo y de lo espiritual.

5.- El liderazgo ha perdido la pasión producida para servir a los demás con los dones que el Espíritu Santo produce y se ha reducido a títulos certificados y oficinas.

6.- El estudio bíblico ya se ha degenerado de una obediencia retadora y transformadora de vidas, a escuchar lecciones que ya suenan monotonas (algunas de ellas sin preparación o estudio previo).

7.- Las marcas distintivas del cristianismo que son: el gozo, amor, paz paciencia benignidad se han cambiado por odio, maldad, venganza, vergüenza y miedo, nos da miedo hablar de Dios, nos da vergüenza que sepan que somos cristianos).

8.- Las prácticas, las costumbres y las ordenanzas de Dios que nos siguen diciendo haced esto, celebrad fiesta solemne, si hay virtud alguna en esto pensad, ya lo hemos olvidado y lo hemos sacado de nuestras liturgias.

Cuando Jesús entró al templo se enojo, pero su enojo fue mayor cuando miró que la casa sagrada apartada para la alabanza y los sacrificios a Dios estaba hecha un mercado común llena de gente sin escrúpulos cambistas, usureros, etc.etc.

Mi casa, casa de oracion será llamada y vosotros la habeís convertido en cueva de ladrones. Lucas 19: 46.

Asi es apreciadísimo hermano lector, la iglesia de hoy esta siendo víctima del acoso y seducción del pecado, hemos permitido en las iglesias practicas que no son muy santas, hemos perdido hermanos que al ver estas practicas que no van de acuerdo a lo que enseñamos, mejor prefieren alejarse de la iglesia.

A Dios debemos reverenciarlo desde lo mas profundo de nuestro corazón y obedecerlo predicando su palabra, para que el pecador al escuchar sea persuadido por el Espíritu Santo, tocado y llamado al arrepentimiento.

El pueblo de Israel tenía que dejar todos sus que haceres, cualquier trabajo, sin importar que trabajo fuere lo dejaban para ir y afligir sus almas en el día del Yom-Kippur (el día de la expiación). Esto indicaba arrepentimiento y tristeza por haber ofendido a Dios, porque toda persona que no se afligiere en este mismo día será cortado de su pueblo.

Y cualquier persona que hiciere trabajo alguno en este día, yo destruiré a tal persona de entre su pueblo.

Lev. 23: 29, 3 0.

En el N.T el apostol Pablo, escribió en Romanos por cuanto todos pecaron todos necesitamos de esa reconciliación con nuestro hacedor, porque todos pecamos, esto es en el N.T y en el A.T también todos pecaban y la única manera de volver a esa comunión perdida por el pecado con nuestro Dios era la reconciliación.

¿Cómo se logra esto?

Esto se hace posible unicamente por la justicia de Dios, por medio de la fe en nuestro Señor Jesucristo. Pero ahora, aparte de la ley se ha manifestado la justicia de Dios, testificada por la ley y por los profetas. La justicia de Dios por medio de la fe en Jesucristo, para todos los que creen en él, porque no hay diferencia. Por cuanto todos pecaron.

Romanos 3: 21, 22.

Cuando a la iglesia de Jesucristo, que dice servir a Dios entra el pecado, nosotros mismos nos estamos haciendo cómplices de ese o esos pecados. Por ejemplo: cuando alguien que viene a la iglesia por primera vez y nosotros permitimos que esa persona salga igual que como entró, sin decirle con amor como debe ser su comportamiento dentro de la iglesia, nos convertimos en cómplices de esa persona, a veces no le decimos nada por miedo a que no regrese, o porque no sabemos como va a reaccionar, a lo mejor se va a enojar, por eso no le digo nada. No hermano mío, el Señor demandará de nosotros por cada cosa mala que permitamos que se haga en su Santa Iglesia. (*porque Jehová está en su santo templo; calle delante de Él toda la tierra*).

Un medio definitivo para la salvación es Jesucristo; quien se dio en sacrificio una vez y para siempre, un sacrificio que no necesitó, ni necesita repetirse porque la sangre de nuestro Señor Jesuciristo nos limpia de todo pecado.

Antes un animal ofrecía su sangre para expiar nuestros pecados Ahora el cordero de Dios, el cordero sin mancha ni arruga, el cordero sin contaminación nos ofrece su sangre para lavar todas nuestras manchas (pecados), Gloria a Dios.

Jesucristo es nuestro cordero y a la vez es nuestro sumo sacerdote perfecto que está permanente mente sentado a la diestra del Padre. Aquello del viejo pacto era solamente una sombra de la obra hecha por Jesús.

En realidad el sacrificio de expiación perfecta se manifiesta en el cordero perfecto de Dios que quita el pecado de toda la humanidad. Esto es lo que debemos enseñarle a la gente y no darle cabida al pecado sutil que se está infiltrando en nuestras iglesias.

Hermano lector, es tarea nuestra erradicar el pecado; hable, predique y enseñe la palabra sin vacilaciones, con firmeza, porque al cielo no entrara ninguna cosa inmunda que haga abominación y pecado. no permita que el mundo de un solo paso para entorpecer nuestra manera de Alabanza a Dios (liturgia).

Humillemonos, pues bajo la poderosa mano de Dios, reconozcamos lo lejos que estamos de una experiencia personal con Cristo.

Aquella experiencia que vivieron nuestros antepasados en el desierto y que los evangelios nos testifican.

Vivamos pues a la luz de aquella gloriosa alabanza practicada, elevada y ofrecida a Jawhe desde el tabernáculo de reunión, pasando por el templo de Salomón, y llegando hasta la iglesia de nuestros días.

En el tabernáculo, ya no se ofrecen más ninguna clase de sacrificios, ya nuestros pecados no son más perdonados rociando la sangre de ningún scrificio animal ahora, Dios demanda nuestra obediencia en vez de sacrificios 1 Sam 15: 22.

Fuentes: La biblia del peregrino.
La nueva versión Internacional.
La biblia Antigua versión de Casiodoro de Reina 1569.

Glosario

Los Levitas: Ellos eran el primogenito de cada familia del pueblo de Israel, escogidos por Dios para servir en el santuario.

Ohel-mo-ed: Palabra Hebrea que significa conjunto de cortinas colgantes al rededor de bastidores, servían como morada terrenal de Dios.

Yom-Kippur: Día de la expiación. Lo vemos en Levítico 16; 30.

Propiciatorio: Tapa o cubierta. Principal fiesta de precepto del calendario Judío.

Liturgia: La manera de alabar a Dios.

Shekinha: Es la luz resplandeciente de la presencia de Dios.

Humo, nube: Es la escencia espiritual de Dios manifestado.

Made in the USA
Coppell, TX
26 February 2021

50927353R00049